Les cent Louis.

Comedie en 1. Acte.

LES CENT LOUIS,

COMÉDIE,

EN PROSE ET EN UN ACTE,

Représentée sur le Théâtre du Palais-Royal, en Novembre 1786.

PAR M. DE BELLE-ROCHE.

Prix 1 liv. 4 sols.

A PARIS,

Chez LALLEMANT DE SANCIERRES, rue Saint-Honoré, au coin de celle du Coq, à la Carte de France.

M. DCC LXXXVII.

PERSONNAGES. ACTEURS.

PERSONNAGES.	ACTEURS.
M. CLAIRVILLE.	*M. Beaulieu.*
Madame de CLAIRVILLE, son épouse, habillée en homme.	*Mme Verdier.*
M. DORIMON.	*M. Duval.*
Madame DORIMON, son épouse.	*Mlle Tabraise l'aînée.*
LAFLEUR, Laquais de Dorimon.	*M. Boucher.*

La Scène se passe à Paris dans un Appartement de Dorimon. Il y a à la droite des Spectateurs, un Cabinet, dans lequel entre Madame de Clairville.

LES CENT LOUIS,

COMÉDIE.

SCENE PREMIÈRE.

M. CLAIRVILLE, LAFLEUR.

M. CLAIRVILLE *entre en regardant de tous les côtés.*

On a beau dire, on a beau faire, un motif caché ſe devine toujours par l'air dont on l'exécute. Je viens ici cent fois par jour voir mon ami, & j'entre ſans trembler; une maudite paſſion me paſſe par la tête pour ſa femme, je n'oſe plus me préſenter. J'imagine voir dans tous ceux qui m'entourent autant d'eſpions qui devinent ma penſée. (*Il réfléchit.*)

LAFLEUR, *au fond du Théâtre.*

Cet homme-ci vient depuis quelque tems, toujours à pas de loup; c'eſt un ancien ami de mon maître, & il ſemble le fuir! Qu'eſt-ce que cela veut dire? (*Il avance.*) Monſieur?

CLAIRVILLE.

Ah! te voilà, Lafleur. Tiens, voilà six francs pour boire à ma santé. Tu es un brave garçon.

LAFLEUR.

Monsieur est bien bon. (*A part.*) Ah! ah! on m'amadoue. Quel rôle vais-je donc jouer, moi? Rendons nous difficiles, s'il n'est pas tout-à-fait en place, il peut devenir lucratif.

CLAIRVILLE.

Dis-moi.... Ton maître est-il sorti?

LAFLEUR.

Non, Monsieur, je vais vous annoncer, il est tout habillé. (*A part.*) Je le vois venir.

CLAIRVILLE.

Il va sortir?

LAFLEUR.

Je vais lui dire que vous êtes là; oh! il ne sortira pas sans vous voir.

CLAIRVILLE.

Non, non..... je ne viens pas..... il ne faut pas le déranger..... ni toi..... tu as à faire....

LAFLEUR.

Moi, Monsieur? Mais non, en vérité.... Vous me traitez avec une bonté! (*A part.*) Il ne se déboutonne guère.

CLAIRVILLE.

Est-il jour chez ta maîtresse?

LAFLEUR.

Oui, Monsieur, il y a long-tems. Je cours lui dire....

CLAIRVILLE, *vivement.*

Non, non. Reste.

LAFLEUR.

Que je reste! Mais, Monsieur, expliquez-moi donc ce que vous désirez de moi; votre générosité excite mon zèle, & vous retenez toujours mes pas.

CLAIRVILLE.

Tiens.... Lafleur.... voilà deux louis.

LAFLEUR.

Ah! Monsieur! mais ordonnez-moi donc quelque chose. Tant de générosité.... Voulez-vous parler à Monsieur ou à Madame? Exigez-vous quelque chose de votre serviteur? Voulez-vous quelque chose, parlez..... J'ai honte de vous devoir tant, sans vous être utile.

CLAIRVILLE, *hésitant.*

..... Je reviendrai dans un moment.

SCENE II.

LAFLEUR, *seul.*

TON maître est-il sorti? —Non, Monsieur, je vais lui dire. Non non... Est-il jour chez ta maîtresse? Il y a longtems, je vais lui dire. —Non, non, reste. —Ah! ah! cela se devine, c'est à Madame & non à Monsieur à qui vous avez affaire. Et moi, j'ai déjà reçu deux fois de l'argent!... Courage! après tout, je peux toujours recevoir, je ne crains pas de trahir mon maître, Madame prendra ſoin de ma fidélité. Dans mille autres maiſons, ma conduite ſerait... legère. Ici, ma maîtreſſe eſt ſi ſage!... Eh! comment peut-elle l'être tant! Quelle femme que celle qui ne cède pas même à l'ennui! Eh! voilà encore mon homme!

SCENE III.

CLAIRVILLE, LA FLEUR.

LA FLEUR.

VOUS voilà de retour, Monſieur? Perſonne n'a paru. A qui voulez-vous que je vous annonce?

CLAIRVILLE.

Mais.... Je voudrais bien, mon cher La Fleur.....

LA FLEUR, *à l'oreille.*

Parler à Madame, n'eſt-il pas vrai? Ah! Monſieur, lâchez donc le mot, que j'aie le plaiſir de vous obliger.

CLAIRVILLE.

... Eh bien! ... Oui ... Mon ami ... Je .. voudrais parler à Madame, mais ... ſans que Dorimon s'en apperçut. J'ai à lui dire quelque choſe de très-important pour elle.

LA FLEUR, *faiſant ſonner l'argent.*

J'entends bien. Mais Monſieur eſt peut-être avec elle?

CLAIRVILLE.

Ah! Tu as raison.

LA FLEUR.

Tenez, je vais arranger cela, moi. Je vais dire à Monsieur Dorimon que vous êtes ici; il descendra plus promptement. Vous sortirez ensemble & au coin d'une rue, vous laisserez Monsieur poursuivre son chemin.,..

CLAIRVILLE, *met la main dans son gousset comme pour lui donner encore de l'argent. La Fleur tend la sienne, mais Clairville ne lui donne rien.* Bien dit, mon cher. Mais, *motus.*

LA FLEUR.

Allez, Monsieur, soyez tranquille.

SCENE IV.

CLAIRVILLE, *seul.*

COMME l'or rend un valet intelligent! Ah! Madame Dorimon, vous me tournez la tête! Si je pouvois vous en faire autant! Mais je ne m'en flatte pas. Cette femme est sage. Oui: mais son mari ne la rend pas fort heureuse. Il est avec elle d'un caractère dur, il est jaloux. Le triste esclavage où il la tient, pourrait bien me ménager une route jusqu'à son cœur; voilà mon espoir. A tout hazard, essayons les plus honnêtes moyens.

SCENE V.

CLAIRVILLE, DORIMON.

CLAIRVILLE.

AH! bon jour, mon cher Dorimon.

DORIMON.

Serviteur, Clairville, & par quelle aventure ?...

CLAIRVILLE.

Je viens à toi, comme à un ami, t'engager.... à me débarrasser d'un chagrin.

DORIMON.

Toi, du chagrin! C'est donc quelque tracasserie de ménage? Car, vous en avez souvent avec votre chère moitié.

CLAIRVILLE.

Ma foi, non. Depuis que je laisse Madame de Clairville vivre à sa fantaisie, que je prends sur moi l'embarras de notre maison, pendant qu'elle s'amuse ailleurs & qu'elle me gronde tout à son aise, quand elle est revenue, nous sommes les meilleurs amis du monde.

DORIMON.

Vraiment, je le crois. Voilà à peu près ce qu'une femme demande, mais ce n'est pas tout.

CLAIRVILLE.

Comment?

DORIMON.

Savez-vous, je vous l'ai déjà dit, que la façon dont vous vous comportez avec la vôtre, vous fait jouer gros jeu ?

CLAIRVILLE.

Et pourquoi ?

DORIMON.

Qu'elle vous gronde, il n'y a rien là de surprenant, vous êtes son mari : mais que vous la laissiez vivre comme elle veut ; qu'elle n'ait de pire maison que la sienne, au point que depuis six mois que vous êtes mariés, je n'ai pas encore pû la rencontrer, la voir une seule fois ! Pensez-vous bien à quoi tant de facilité vous expose.

CLAIRVILLE.

Que veux tu ? Un mari court des risques, de quelque façon qu'il se comporte, je le sais ; mais je sais aussi que la paix est un bien préférable à tout, & c'est là le point de vue de ma conduite avec ma chère moitié.

DORIMON.

Ma foi, il faut lui croire de la vertu de reste, pour la double épreuve où vous la mettez, en la laissant jouir de beaucoup de liberté, & de très-peu d'argent.

CLAIRVILLE.

De l'argent ! de l'argent ! Qu'en a t-elle à faire ? Il ne lui manque rien.

DORIMON.

De ce qui lui est absolument nécessaire ; mais

une perſonne, qui vous a apportée une dot conſidérable, eſt-elle fort ſatisfaite d'avoir par mois une penſion ſi médiocre, qu'elle ne puiſſe rien donner aux choſes agréables, à ces petites fantaiſies, qui, dans la tête d'une femme, ſe placent volontiers avant ce néceſſaire dont vous parlez.

CLAIRVILLE.

Suis-je donc le ſeul qui borne ainſi la dépenſe de ſa femme? Cela eſt à la mode depuis longtems. Nons autres maris, ne nous ſommes-nous point érigés en tuteurs qui ne rendent point de comptes. Ne voyons-nous pas, par le mariage, paſſer dans nos mains juſqu'à des millions, dont nous ne payons tout au plus que mille écus par an à celles qui nous les ont apportées en dot? Ma foi, je trouve qu'on a bien imaginé cela. Autrefois nous achetions nos femmes, à préſent, ce ſont elles qui nous achètent.

DORIMON.

Auſſi, ne croyent-elles pas tant nous appartenir qu'autrefois.

CLAIRVILLE.

Mais toi, qui veux ici critiquer ma conduite, t'imagines-tu être audeſſus de toute inquiétude en faiſant de ta femme une recluſe qui ne peut voir perſonne, pas même la mienne, qui eſt ſa meilleure amie depuis l'enfance. Elles ont, tu le ſais, toujours été enſemble dans le même couvent.

DORIMON.

Tout cela eſt vrai; mais la vie trop libre que tu laiſſes mener à ta femme, ne va point du tout ſur ma façon de penſer ſur la mienne. Ainſi, mon cher, liberté entière ſur cela. —J'entends Madame Dorimon qui deſcend. Allons, tu-es à pied & moi auſſi, je vais courir le reſte de la matinée chez des marchands, veux-tu que nous ſortions enſemble?

CLAIRVILLE.

Quoi! ſans que je ſouhaite le bon jour à ta femme?

DORIMON, *s'en allant.*

Oh! ſouhaite-lui tout ce que tu voudras, pour moi, je m'en vais.

CLAIRVILLE, *reſtant un peu derrière Dorimon.*

Il a de l'humeur, ſuivons-le un inſtant pour ôter tout ſoupçon. (*Haut.*) Attens-moi donc, je te ſuis.

SCENE VI.

MADAME DORIMON, *ſeule.*

AH! ah! voila Monſieur Clairville qui court après mon mari. Les bons originaux que ces deux maris là; l'un gène ſa femme d'une façon ridicule, & l'autre refuſe à la ſienne cette aiſance qu'une riche dot devroit lui procurer. Cette pauvre Madame de Clairville eſt toujours aux expédiens. Heureuſement que je ſuis en état de lui envoyer quelques louis quand elle en a beſoin, je l'aime & mon plus grand chagrin, eſt que mon mari ne veuille pas que je vienne ici, ni même que je la voie chez elle. Quelle prévention! ſi nous avions le moment de nous conſulter, nous pourrions inventer quelques moyens de corriger ces deux Messieurs là, de leurs ridicules. Mais il me vient une idée assez singuliere, un peu hardie.. Hardie! pourquoi? le motif est honnête. Clairville a quelque prétention de me plaire; je m'en suis apperçue, depuis plusieurs jours, à n'en plus douter. Profitons de cela pour lui emprunter quelqu'argent, que je remettrai à sa femme de sa part: il est généreux, pour tout autre que pour elle, je le sais; le tour bien joué, fera plaisant. Je le corrigerai de ses idées sur mon compte, & je rendrai service à mon amie. Oui, l'idée est bonne. La première fois qu'il viendra me voir... Je veux... (*Clairville entre*) Eh quoi! Monsieur, c'est vous? mais me suis-je trompée? je vous ai vu sortir tout-à-l'heure avec mon mari.

SCENE VII.

Madame DORIMON, M. CLAIRVILLE.

M. CLAIRVILLE.

IL est vrai, Madame, je l'ai accompagné au coin de la rue, je l'ai quitté sous le prétexte de prendre un autre chemin; mais pour réparer mon impolitesse d'être sorti de chez vous au moment que vous paroissiez, sans m'informer de votre santé.

Madame DORIMON.

Voilà qui est bien honnête, Monsieur Clairville, ma santé est très-bonne: je suis flattée que vous vous y intéressiez.

CLAIRVILLE.

Si je m'y intéresse! que trop pour mon repos.

Madame DORIMON

Comment! pour votre repos! vous plaisantez apparemment?

CLAIRVILLE.

Non, Madame, non, rien n'est si sérieux; & puisque ce moment m'est favorable, permettez-moi d'en profiter. Jusqu'ici, mes yeux seuls ont osé vous tenir ce langage, que j'ai été contraint de déguiser dans mes discours. Puis-je me flatter qu'un aveu plus positif des sentimens que vous m'avez inspirés ne vous déplaira pas?

Madame DORIMON.

Quoi! Monsieur, il est donc vrai que dans vos visites ici que je croyais toutes pour mon mari, j'ai dû interprêter en ma faveur tous ces petits propos agréables?

CLAIRVILLE.

Ah! Madame, ou mon esprit a mal servi mon cœur, ou vous vous êtes apperçue que tout ce que j'ai dit n'était que pour vous. Oui, vous vous en êtes apperçue. Mes yeux ont eu le bonheur dans ces conversations embarrassées, de rencontrer les vôtres; & si je puis me flatter d'y avoir trouvé tout ce que je desirais, j'y ai vu au moins que mon adresse à tromper votre argus ne vous a pas déplû.

Madame DORIMON.

Je ne vous cacherai pas... que votre embarras m'a divertie... Je me reproche très-sérieusement cette étourderie, si elle a pu vous donner lieu de penser, sur mon compte, d'une façon désavantageuse.

CLAIRVILLE.

Je n'ai rien pensé que je ne puisse avouer ici, sans risquer d'allarmer votre délicatesse. Je n'ai vu en vous qu'une personne charmante, & qui mériterait d'être plus heureuse.

Madame DORIMON.

Monsieur, sous les traits de l'estime & du respect, l'amour se cache quelquefois; si par hazard je me permettais des sentimens qui pussent dissiper mes ennuis, je vous déclare que jamais ils ne seraient de nature à me faire manquer à ce que je me dois.

CLAIRVILLE, *à part.*

Elle entre en composition, tenons ferme. (*haut*) Aussi, Madame, n'est-ce point un amant indiscret ou trop présomptueux que j'offre ici au pouvoir de vos charmes; c'est un véritable ami qui vous respecte, qui vous plaint, & qui ne desirerait que de mériter votre bienveillance aux dépens de tout ce qu'il a de plus cher au monde.

Madame DORIMON, *à part.*

Il joue les grands sentimens, j'en tirerai parti. (*Haut.*) Vous vous engagez beaucoup, Monsieur, en paraissant desirer moins, & je me trouve dans un moment où je pourrois mettre à l'épreuve cette simple amitié à laquelle vous paraissez vous borner.

CLAIRVILLE.

Non, Madame, je ne crains pas cette épreuve : daignez m'honorer de votre confiance, & vous verrez peut-être que mon amitié eſt digne de la vôtre.

Madame DORIMON.

Non. Nous ne trouvons guères chez vous, Meſſieurs, l'amitié aſſez honnête, aſſez pure pour qu'elle vous engage à nous rendre un ſervice dans la ſeule vue de nous obliger ; vous êtes trop intéreſſés auprès de nous pour n'y être que généreux.

CLAIRVILLE.

Vous pouvez avoir raiſon d'après l'uſage. Mais, de grace, ne me confondez point avec tout le monde, & avant de juger mon cœur, daignez le mettre à l'épreuve qu'il deſire.

Madame DORIMON.

Vous le voulez, j'y conſens. Au reſte, l'objet n'eſt pas ſi conſidérable. Une de mes amies vient de m'envoyer emprunter cent louis dont elle a le plus grand beſoin ; mon mari fait tant de dépenſes pour moi que je n'ai pas oſé les lui demander.

CLAIRVILLE, *embarraſſé.*

Quoi ! Madame... Il s'agit de cent louis ? les voila. Heureuſement, je les ai ſur moi. (*Apart.*) Je la tiens, ma foi, je la tiens.

Madame DORIMON.

En vérité, je ſuis honteuſe....

CLAIRVILLE.

De grace, Madame, n'y penſez plus que pour dire à votre amie que jamais cent louis n'ont été prêtés avec tant de plaiſir; qu'elle ne ſe gêne point pour les rendre.

Madame DORIMON.

Voilà auſſi la condition que je voulais vous prier de joindre à ce bienfait; je dirai tout cela à mon amie.

SCENE VIII.

Madame DORIMON, CLAIRVILLE, LA FLEUR.

LA FLEUR.

MADAME de Clairville.

CLAIVILLE.

Ma femme! (*bas.*) Elle vient bien mal à propos.

LA FLEUR.

Je ne lui ai pas dit que Monſieur était ici, mais que j'allais voir ſi Madame était viſible.

Madame DORIMON.

La Fleur a de la préſence d'eſprit. Faites-là entrer dans un moment. (*La Fleur ſort.*)

SCENE IX.

SCENE IX

Madame LORIMON, CLAIRVILLE.

Madame DORIMON.

IL y a quelque tems que je n'ai vu votre épouse... Notre conversation m'a un peu agitée ; elle pourrait penser... Sortez par la porte du jardin.

CLAIRVILLE.

Vous avez raison. (*A part.*) Voilà mes affaires en bon train. (*Il sort.*)

SCENE X.

LA FLEUR, Madame DORIMON, Madame CLAIRVILLE.

LA FLEUR, *rentrant.*

JE savais bien qu'en vous annonçant sa femme, je vous débarrasserais de sa visite.

Madame CLAIRVILLE, *entre sur le dernier mot de la Fleur.*

Eh! bon jour, ma chere amie, que je t'embrasse. Je partais pour la campagne, habillée comme tu vois; en passant devant chez toi je me suis informée si tu y étais; & quoique ton mari te défende de me voir, il ne pourra douter que j'aie eu le plaisir de t'embrasser. --Eh bien ! tu ne sors donc pas plus qu'à ton ordinaire?

Madame DORIMON.

Non, j'ai pris mon parti là-dessus. Cela fait plaisir à mon mari. Je ne veux point m'attirer des scènes qu'une femme raisonnable doit toujours éviter.

Madame CLAIRVILLE.

Quand le verrai-je donc, ce mari? Ne trouves-tu pas singulier qu'amies comme nous le sommes, tu sois mariée depuis six mois, sans que j'aie ncore vu cet heureux mortel?

Madame DORIMON.

Tu étais à la campagne du tems de mon mariage, mon mari déteste les visites, enfin...

Madame CLAIRVILLE.

Je voudrois bien qu'il eût affaire à moi! que tu es bonne de te rendre ainsi esclave des volontés d'un mari!

Madame DORIMON.

Nous le sommes toutes. Et toi? tes finances ne sont pas plus étendues que de coutume? & Monsieur de Clairville.....

Madame CLAIRVILLE.

Ne m'en donne pas plus qu'à l'ordinaire; je me suis apprise à m'en passer.

Madame DORIMON.

Répandue comme tu l'es, comment fais-tu?

Madame CLAIRVILLE.

Je ne joue point, je me promène; je vais à des concerts d'amis, dans quelques cercles de vieilles bourgeoises qui tiennent encore au monde par le plaisir d'en dire du mal. Je suis lasse d'avoir des disputes qui prennent trop sur la gaieté de mon caractère.

Madame DORIMON.

Il faudrait que ton mari eut pour toi la générosité du mien, & que le mien eut en moi la confiance du tien.

Madame CLAIRVILLE.

Cela veut dire que des deux nous n'en ferions qu'un bon. Mais ne pourrions-nous pas trouver des moyens de désabuser ces Messieurs là de leurs préventions? Elles gâtent toutes les bonnes qualités qu'ils ont.

Madame DORIMON.

Eh bien! voyons, imagine. Tu as l'esprit si vif! D'abord pour t'aider sur ce qui te regarde, je vais te faire une confidence qui pourra te fournir des idées.

Madame CLAIRVILLE.

Quelle confidence!

Madame DORIMON.

Ton mari m'aime.

Madame CLAIRVILLE.

Quoi! sérieusement?

Madame DORIMON.

Ah! si sérieusement, qu'il vient à l'instant même

de m'en faire la déclaration la plus précise, quoiqu'en termes ménagés.

Madame CLAIRVILLE.

Eh bien! il me vient une idée sur cela. Oui, si tu veux m'obliger, voilà le moyen. Oh! l'idée est excellente, mais... non... Tes scrupules vont s'y opposer.

Madame DORIMON.

J'entends quelqu'un. C'est sans doute mon mari. Je t'avouerai qu'il m'a défendu de te voir; & tu m'obligeras, si tu veux bien passer dans mon boudoir: il dîne en ville, il ne sera qu'un moment, & après je te conterai tout.

Madame CLAIRVILLE.

Voilà un plaisant original, de te défendre de me voir, sans me connaître; me croit-il capable de te donner de mauvais conseils?

Madame DORIMON.

C'est une fantaisie.....

Madame CLAIRVILLE.

Il faut l'en corriger: moi! je veux lui dire tout ce qu'il mérite.

Madame DORIMON.

Tu es la maîtresse, mais je t'assure que c'est me rendre plus malheureuse que jamais. De grace, fais-moi le plaisir d'y passer.

Madame CLAIRVILLE.

Allons, soit. (*Elle va au cabinet.*

SCENE XI.

M. & Madame DORIMON, UN LAQUAIS, *portant des étoffes.*

M. DORIMON, *au Laquais.*

METTEZ tout cela ſur ces fauteuils. (*A Madame Dorimon*) Madame, ce ſont de nouvelles étoffes du meilleur goût, dont j'eſpère que vous ſerez ſatisfaite. J'ai joint un petit carton de dentelles très-bien aſſorties, qui, je crois, vous fera plaiſir.

Madame DORIMON, *avec humeur.*

Je vous remercie, Monſieur, de toutes ces dépenſes, je ſuis ſeulement fâchée que vous ayez pris la peine d'acheter tout cela vous-même.

M. DORIMON.

Comme je ſais que vous n'aimez point à ſortir...

Madame DORIMON.

Pour être plus vrai, dites plutôt que vous vous ſatisfaites vous même en m'ôtant juſqu'aux petites occaſions de ſortir.

M. DORIMON.

Aurez-vous toujours ce reproche à me faire?

Madame DORIMON.

Aſſurément. Tant que vous exigerez que je garde journellement la maiſon, & que je n'y voie perſonne.

M. DORIMON.

Moi ! j'exige cela !

Madame DORIMON.

Oui, Monsieur, le mot n'est pas trop fort. Vous n'êtes jamais si content que quand je ne sors pas de chez moi, & toutes les fois qu'il m'arrive d'en sortir, je vous retrouve d'une humeur qui n'est point du tout plaisante. En femme raisonnable, j'ai jusqu'ici sacrifié mon goût au vôtre ; mais que vous vouliez que je porte l'esprit de retraite jusqu'à ne pas voir Madame de Clairville, la seule amie que j'aie, voilà ce qui degénère en tirannie, & dont j'ai sérieusement à me plaindre.

M. DORIMON.

Je vous ai prié de ne point la voir, si cela vous est égal ; mais je n'ai pas prétendu de vous empêcher de sortir quand il vous plaît.

Madame DORIMON.

Eh bien ! Monsieur, je sortirai donc dorénavant. Mais cette Madame Clairville, que vous excluez de ma société, est précisément la femme sur laquelle j'ai compté pour m'accompagner. Nous avons été élevées ensemble au Couvent ; nous connoissons nos caractères ; nous nous aimons, & franchement le monde qu'elle voit me conviendroit mieux que les insipides liaisons de votre cousine Orphise.

M. DORIMON.

Eh ! Madame, encore une fois, sortez, courez le monde avec votre Madame Clairville & ne me faites pas de chicane sur cela davantage.

Madame DORIMON.

Nous y voilà. Le ton avec lequel vous donnez cette permiſſion n'eſt-il pas une nouvelle manière de la refuſer ? Faut-il toujours me traiter comme une femme dont vous avez tout à craindre ? Ne ſauriez-vous me laiſſer cette liberté permiſe, que l'eſtime d'un mari ne rend jamais ſuſpecte.

M. DORIMON.

Comment donc ? Quand vous auriez pris des leçons de Madame Clairville, vous ne raiſonneriez pas mieux.

Madame DORIMON.

A quoi ſert-il de blâmer quelqu'un que vous ne connoiſſez ſeulement pas ? Que vous a-t-elle fait ?

M. DORIMON.

Elle ne m'a rien fait, je la crois ſage ; mais elle eſt fort vive, répandue dans un monde où les maris ne ſont plus regardés comme ils devraient l'être, & où avec toute la vertu imaginable......

Madame DORIMON.

Je crois, moi, qu'une femme élevée dans de bons principes, qui fait ſe reſpecter, ſait auſſi jouir d'une diſſipation convenable ſans courir aucun danger ; & que dans le mariage, toutes choſes devant être égales, nous ne ſommes pas plus faites que vous pour être eſclaves de la crainte de manquer à nos devoirs.

M. DORIMON.

Ah ! ah ! vous avez pris en bien peu de tems ce ton abſolu ! Madame Clairville eſt revenue de la campagne. Je veux ſavoir, ſi vous avez reçue ſa viſite, oui, je le veux.... Vous vous troublez.

Madame DORIMON.

Le ton impérieux avec lequel vous me parlez, ſuffit pour cela.

M. DORIMON.

Vous avez parue embarraſſée, quand je ſuis entré, & cela me fait croire....

Madame DORIMON.

Vous croirez, Monſieur, tout ce qu'il vous plaira, mais je ne prends ici de ton que le vôtre, & je vous avertis que ce ſera déſormais mon uſage.

M. DORIMON.

Je vais mettre ces étoffes dans votre cabinet.

Madame DORIMON.

Non, laiſſez-les, je veux les voir au grand jour.

M. DORIMON.

Vous les y reprendrez toujours bien.

Madame DORIMON.

Non, encore une fois.

M. DORIMON.

Vous permettrez au moins.....

Madame DORIMON.

De grace, n'entrez point dans mon cabinet....

M. DORIMON.

Et pourquoi?

Madame DORIMON.

J'y...ai ſerré quelque choſe qu'il eſt...inutile

que vous voyez. Je ne vais pas chercher dans le vôtre ; ainſi....

M. DORIMON.

Vous y avez ſerré quelque choſe que vous ne voulez pas que je voie. Et c'eſt préciſement ce que je veux voir.

Madame DORIMON.

Si je vous en empêche, c'eſt par attention pour vous, je vous en avertis.

M. DORIMON, *allant au cabinet.*

Il m'importe. J'en veux courir les riſques.

SCENE XII.

LES PRÉCÉDENS, Madame CLAIRVILLE, *ſortant du cabinet.*

Madame CLAIRVILLE.

EH bien! Monſieur, voyez-moi.

M. DORIMON.

Ah! Ciel!

Madame CLAIRVILLE.

Mais ſurtout n'allez rien vous imaginer qui puiſſe faire tort à l'eſtime que vous devez à Madame, vous nous feriez à tous trois la plus grande injuſtice.

M. DORIMON, *à ſa femme.*

Vous appellez donc cela, avoir ſerré quelque choſe dans votre cabinet ?

Madame DORIMON.

J'avois raison, comme vous voyez, de vous prier de n'y point entrer.

M. DORIMON.

Quelle effronterie ! Je ne sais où j'en suis !

Madame CLAIRVILLE.

L'embarras où cette rencontre jette Madame, toute innocente qu'elle est, m'engage à me charger de sa justification. Trouvez bon d'abord que je vous parle de cette Madame Clairville, contre laquelle vous êtes si prévenu, sans la connaître. Je venais simplement en donner des nouvelles à Madame, quand, pour céder à la défense que vous lui avez faite de la voir, elle m'a fait passer assez mal à propos, & même malgré moi, dans ce cabinet.

M. DORIMON.

Je ne doute point, Monsieur, de votre adresse à colorer cette avanture, mais je sais tout ce que j'en dois penser, ainsi.....

Madame CLAIRVILLE, *à part.*

Il faut l'intimider, si je puis. (*Haut.*) Ecoutez moi, je vous prie, sérieusement, & songez que je ne crains rien.

Madame DORIMON, *à part.*

Que lui va-t-elle dire ?

Madame CLAIRVILLE.

D'abord, pour vous tranquilliser sur mon compte, apprenez que je suis très-attachée à Madame Clairville.

M. DORIMON.

Eh ! Monſieur, que m'importe ?

Madame CLAIRVILLE.

Moi, Monſieur, je veux vous apprendre qui je ſuis. Je m'appelle le Chevalier Digton, je ſuis très-connu de Clairville, & même ſon allié.....

M. DORIMON, *impatient.*

Il ſuffit, Monſieur, & s'il vous plaît.....

Madame CLAIRVILLE.

Moi, Monſieur, je n'ai pas dit tout ce qu'il faut pour me faire connaître. La plus rare de mes qualités eſt d'être grand protecteur des femmes, ſans que jamais aucun mari ait à craindre de me confier la ſienne.

M. DORIMON.

Si je ne me reſpectais moi-même, & ne craignais l'éclat.... Monſieur, ayez la bonté....

Madame CLAIRVILLE.

Non, Monſieur, il en arrivera tout ce que vous voudrez, ma deſtinée eſt d'expoſer ma vie contre tous les maris injuſtes, & je ſuis prêt à la remplir.

Madame DORIMON.

Votre zèle pour le ſervice des Dames mérite d'être ſecondé, Monſieur, & on doit convenir que le ſort d'une femme eſt bien à plaindre, quand un mari ne l'eſtime pas aſſez.....

M. DORIMON.

Quoi! vous oſez ?.....

Madame CLAIRVILLE.

Et que l'infortunée se plaigne ! Son mari s'en offense. Quelle tyrannie !

Madame DORIMON.

Les hommes, par cette conduite nous estiment plus qu'ils ne pensent ; ils exigent de nous la fidélité conjugale, comme un devoir qui apparemment n'est pas au-dessus de nos forces.

M. DORIMON.

Je n'y puis plus tenir, & ma juste colere....

SCENE XIII ET DENIERE.

LES PRÉCÉDENS, M. CLAIRVILLE.

M. DORIMON.

AH ! Monsieur, vous arrivez bien à propos. Connoissez-vous le Chevalier Digton ?

M. CLAIRVILLE.

Sans doute, c'est un très-honnête garçon, un peu mon parent, & fort mon ami ; il est à plus de deux cent lieues d'ici.

M. DORIMON.

Oui, pour vous ; mais pour votre femme, & pour la mienne peut être.... il est à Paris. Le voilà que j vous présente.

M. CLAIRVILLE.

Qui, ce Monsieur là ? Allons donc. C'est... c'est Madame Clairville.

M. DORIMON.

Comment? Madame Clairville, votre ſemme?

M. CLAIRVILLE.

Eh! oui, ma femme. Je la connais peut-être. (*Aux deux Dames.*) Vous vous êtes amuſées apparemment pour l'inquiéter? Mais un mari reconnaît ſa femme de reſte, quelque déguiſement qu'elle prenne.

Madame CLAIRVILLE.

Eh bien! Monſieur, avez-vous des ſoupçons ſur la conduite d'une femme eſtimable?

M. DORIMON.

Je ſuis attrappé comme un ſot.

M. CLAIRVILLE, *à Dorimon.*

Quoi! Te ſerais-tu aviſé d'être jaloux de ce petit cavalier-la? Ah! parbleu! je te conſeille d'aller former ta demande en ſéparation... Ah! tu y as été attrappé. . Je le vois. C'eſt un tour qu'elles t'ont joué. Tu le mérites bien, ma foi, j'en rirai longtems.... Ah! ah! ah!

Madame DORIMON.

Et vous aurez raiſon, Monſieur; mais il eſt bon que chacun rie à ſon tour; & pour que mon mari ait ſa revanche, il faut que je m'acquitte devant vous deux d'une dette très-ſérieuſe pour moi, mais qui pourra auſſi faire rire Monſieur Dorimon. (*A Madame Clairville*) Voilà cent louis, Mademe, que Monſirur votre mari m'a chargé de vous remettre pour vos menus plaiſirs: il les a fait paſſer par mes mains, n'oſant pas vous les offrir lui-même. Il eſt réſolu dorénavant de ne vous point faire paraître l'argent si rare. Quand vous en manquerez, adressez-vous à moi, je lui ai inspiré des sentimens assez forts pour qu'il m'ait offert sa bourse pour moi & pour mes amis. Ces cent louis sont mon coup d'essai : je n'ai pas mal réussi, comme vous voyez ?

M. DORIMON, *riant aux éclats.*

Mon cher Clairville, ce tour-la vaut bien le déguisement.... Et j'en ris aussi de bon cœur.... Ah ! ah !

M. CLAIRVILLE.

Dorimon ! mon ami.... Ma foi.... Ces deux femmes-la en valent bien d'autres.

Madame CLAIRVILLE, *à son mari.*

Mon cher ami, c'est à moi à vous remercier des bontés que vous avez pour Madame. Continuez, à ce prix je vous pardonne.

M. CLAIRVILLE.

Allons, il faut l'avouer, je mérite cette plaisanterie. Elle me ramène à la raison. Dorimon, veux-tu m'en croire ; que ces évènemens-ci nous servent de leçons, nous engagent à nous corriger, & pour ne plus les exposer à mettre ainsi leur esprit en œuvre contre nous, laisse plus de liberté à ta chere moitié ; & moi, je donnerai plus d'argent à la mienne.

Madame DORIMON.

Et nous vous promettons de n'abuser ni de l'un, ni de l'autre. Mais soyez toujours confians, & ne cherchez point à nous voir des torts, l'indulgence n'est jamais perdue.

Lue & approuvée. A Paris, ce 5 Janvier 1787.

SUARD.

Vu l'Approbation, permis d'imprimer. A Paris, ce 8 Janvier 1787.

DECROSNE.

De l'Imprimerie de CAILLEAU, rue Galande, N°. 64.

www.ingramcontent.com/pod-product-compliance
Lightning Source LLC
LaVergne TN
LVHW010011230826
846092LV00002B/759

* 9 7 8 2 3 2 9 4 1 3 9 0 7 *